국립중앙도서관 출판시도서목록(CIP)	
너무 반듯한 죠 / 글: 마곳 선더랜드 ; 그림: 니키 암스트롱 ; 번역: 이재훈 외. 서울 : 한국심리치료연구소, 2007 p. ; cm 원서명: Willy and the wobbly house 원저자명: Sunderland, Margot 참고문헌 수록 ISBN 978-89-87279-59-6 74180 : ISBN 978-89-87279-51-0(전19권)	
183.2-KDC4	CIP2007002722

Willy and the wobbly house

by Margot Sunderland & Nicky Armstrong

너무 반듯한 죠

발행일 2007년 9월 15일
지은이 마곳 선더랜드와 니키 암스트롱
옮긴이 이재훈 외
펴낸곳 한국심리치료연구소
등록 제 22-1005호(1996년 5월 13일)
주소 서울시 종로구 적선동 156 (광화문플래티넘 918호)
Tel 730-2537, 2538 Fax 730-2539
http://www.orips.net E mail: orips@orips.net

ISBN 89- 87279-59-6 74180
ISBN 89- 87279-51-0 74180(전 19권)

너무 반듯한 죠

글
마곳 선더랜드

그림
니키 암스트롱

번역
편 집 부

한국심리치료연구소

윌리라는 아이가 있었어요. 그의 집에서는 모든 것들이 흔들렸어요.

벽들도 흔들리고, 침대도 흔들리고, 심지어 욕조에 담긴 물까지도 흔들렸어요.

화장실 변기도 흔들렸기 때문에 떨어지지 않도록 꼭 붙잡아야 했어요.

윌리의 여동생이 인형놀이를 할 때에도, 인형들이 흔들리면서 윌리의 장난감 상자 안으로 떨어졌어요. 그래서 윌리의 자동차들은 몹시 짜증을 내고 툴툴거렸어요.

크리스마스 때에는 윌리의 집에 있는 크리스마스트리가 심하게 흔들리는 바람에 반짝이 장식들과 초콜릿 곰들이 모두 떨어졌어요. 트리 꼭대기에 있는 천사마저도 떨어졌어요.

윌리의 집에 있는 것들은 모두 흔들렸고, 어떤 때는 바닥에 떨어져 산산 조각이 났어요. 심하게 흔들리는 날이면 마치 모든 것이 다 떨어지는 것 같았어요. 윌리는 흔들리거나 떨어지지 않는, 튼튼하고 안정된 것들을 몹시 원했어요.

윌리의 옆집에는 죠가 살고 있었어요. 죠의 집은 모든 것이 똑바르고 반듯했어요. 정원에는 꽃들이 가지런히 심겨져 있었고, 부엌 찬장에는 통조림들이 아주 반듯하게 세워져 있었어요.

침실에 있는 서랍에는 양말들이 한 켤레씩 깔끔하게 포개져 있었어요. 하지만 죠는 뭔가 흔들리는 것을 원했어요. 무엇이든지! 사실 죠가 좋아하는 음식은 젤리였는데, 그 이유는 그것이 흔들리기 때문이에요.

윌리는 죠의 집에서 차 마시는 것을 좋아했어요. 그것은 똑바로 놓여있는 모든 것들이 정말 좋았기 때문이에요...

죠는 윌리네 집에서 차 마시는 것을 좋아했어요. 그것은 흔들리는 모든 것들이 정말 좋았기 때문이에요.

그러나 문제가 생겼어요. 흔들리는 집에 사는 윌리는 자주 마음 속에서 무언가가 흔들리는 것을 느꼈어요. 죠의 집에 있을 때 조차도 그 흔들거리는 것을 떼어 버릴 수가 없었어요. 학교에서 그림을 그릴 때에도 흔들거리는 것들을 그려야만 할 것 같았어요. 그리고 어떤 때는 아주 무서운 흔들리는 꿈들을 꾸었어요. 흔들거리는 빨간 젤리 괴물이 복도에 숨어있는 꿈 말이에요.

한편, 죠는 뭔가 재미있는 것을 하려고 해도 정말로 즐겁지 않다는 것을 발견했어요. 자기 자신이 너무나 똑바른 줄같이 느껴졌기 때문이에요. 학교에서 죠는 모두 똑바른 선으로 된 반듯한 네모 그림 밖에는 그릴 수가 없었어요.

"휴우!" 윌리는 말했어요. "난 죽을 때까지 흔들리는 느낌을 참고 살아야 하나봐."

"휴우!" 죠는 말했어요. "난 죽을 때까지 똑바른 줄 같은 느낌을 참고 살아야 하나봐."

바로 그 때, 플롭 부인이 지나가다가 윌리와 죠가 하는 말을 들었어요. "이런 말을 해도 될지 모르지만," 그녀는 부드러운 목소리로 말했어요. "나는 너희들이 뭔가 잘못 알고 있다고 생각해. 원치 않는 느낌을 꼭 참고 살 필요는 없단다. 너희들 '웅덩이 사람들'에 대해 들어봤니? 공원에 있는 커다란 빨간 통 뒤에 살고 있는데, 그들을 찾아가면 도움을 받을 수 있을 거야. 하지만 꼭 기억해, '위즐워플' 하고 주문을 외우지 않으면 그들을 만날 수 없단다."

곧바로 공원으로 간 윌리와 죠는 커다란 빨간 통을 찾아냈어요. 그 뒤에는 정말 웅덩이가 있었어요. 나지막하고 재미있는 물소리를 듣고, 그들은 그것이 마술 웅덩이라는 것을 알아 차렸어요.

"위즐워플!" 윌리는 흔들리는 목소리로 외쳤어요.
"위즐워플!" 죠는 곧고 분명한 목소리로 외쳤어요.

그러자 아주 친절한 웅덩이 사람이 갑자기 나타났어요. “안녕!” 그는 말했어요. “작은 연못 나라에 온 걸 환영합니다. 웅덩이 왕과 여왕을 만나러 온 것 같군요, 그렇죠? 그분들은 분명히 여러분을 도와줄 거예요.”

어느새 윌리와 죠는 웅덩이 속으로 뛰어 들었어요.

그들은 갑자기 자신들이 세상에서 가장 아름다운 곳에 와 있다는 것을 알았어요. 어디를 보아도 아름답게 반짝이는 연못이 있었어요.

그리고 그들 앞에는 두 명의 웅덩이 사람이 서 있었는데,
모습으로 보아 웅덩이 왕과 웅덩이 여왕이 틀림없었어요.
그들은 모두 우산 모양의 황금 모자를 쓰고 있었거든요.

웅덩이 왕과 여왕은 윌리와 죠의 문제를 모두 이해한 것 같았어요. 그러나 그들은 좀더 알기를 원했어요. 윌리는 언제 무엇이 떨어질지 모르기 때문에 흔들리는 집에 사는 것이 얼마나 두려운지에 대해 이야기했어요. 그리고 죠는 모든 것이 깔끔하게 정리된 똑바른 집에 사는 것이 얼마나 지루한지에 대해 이야기했어요. 그리고 때로는 자신마저 깔끔하게 정리된 것 같은 느낌이 든다는 것도요.

웅덩이 왕과 여왕은 그들의 이야기를 아주 진지하게 들어주었어요. 그러고 나서 두 사람은 각각 윌리와 죠를 한 사람씩 맡기로 했죠. 한편, 웅덩이 여왕은 윌리의 손을 잡고 '잔잔한' 작은 연못을 보여주고 싶다고 말했어요. 윌리는 웅덩이 여왕이 아주 차분했고, 멋진 금빛 우산 모자를 쓰고 있었기 때문에 처음부터 마음에 들었어요.

‘잔잔한’ 연못을 보자마자 윌리는 그곳이 지금까지 보아왔던 것 중에서 가장 멋진 장소라고 생각했어요. 거기에는 기분 좋고 따뜻한 산들바람이 불고 있었고, 옆은 녹색 나무들이 가장 감미로운 노래를 부르고 있었어요. 웅덩이 사람들은 맑고 푸른 물위에서 부드럽게 몸을 흔들고 있었어요. 그리고 작은 웅덩이 아기들은 웅덩이 엄마 아빠의 팔에 안겨 행복하게 잠들어 있었어요.

사실은 윌리도 좀 졸렸기 때문에 웅덩이 여왕의 팔로 기어 올라갔어요. 웅덩이 여왕은 절대로 흔들리지 않는 크고 강한 팔로 윌리를 안아주었고, 윌리는 난생 처음으로 안전하고 평온하다고 느꼈어요. 그는 웅덩이 여왕의 품에 안겨 잠이 들었어요. 그리고 푹신한 베개들과 마시멜로가 나오는 달콤한 꿈을 꾸었어요.

다른 한편, 웅덩이 왕은 죠를 '시끌벅적한' 다른 연못으로 데리고 갔어요. 거기 있는 물은 아주 바쁘게 움직이며 거품을 냈어요. 계속 출렁대고 철벅거리고 여기 저기 물을 끼얹었어요. 웅덩이 사람들은 즐거워하며 물거품 위에서 뛰어 다니고, 서로 부딪치고, 진흙탕 속으로 함께 뛰어들었어요. 웅덩이 사람들은 죠에게 "이리와, 우리하고 물거품 위에서 놀자" 라고 말했어요.

죠는 어떻게 하는 건지 모른다고 말했어요. 사실 그는 물거품 위에서 뛰어다니는 것이 똑바른 줄과 아무 관련이 없어보였기 때문에 조금 걱정이 되었어요. 그때 웅덩이 사람들은 죠에게 어떻게 하는지 보여주었어요. 잠시 후, 죠는 마음속의 똑바른 줄들이 조금씩 흔들거리는 것을 느끼기 시작했어요. 어떤 줄들은 벌써 부드럽고 구불구불하게 녹기 시작했어요. 그러자 죠는 웃기 시작했어요. 그는 웃고 또 웃고, 마치 전에는 한 번도 웃어본 적이 없는 사람처럼 크게 웃었어요.

그 날 이후, 죠는 너무나 똑바른 줄처럼 느낄 때마다, 그리고 윌리는 너무나 흔들린다고 느낄 때마다, 공원의 빨간 통 뒤에 있는 마술 웅덩이를 찾아갔어요. 그리고 작은 연못 나라를 찾아갔지요 . . .

. . . 그리고 그럴 때마다 기분이 아주 많이 좋아졌답니다.